DEIN CODEWORT

rKyDakarMT

Weitere Abenteuer auf:
www.thienemann.de/CodewortRisiko

Gib deinen persönlichen Geheimcode ein
und erlebe die spannende Welt von
Codewort Risiko!

CODEWORT RISIKO

David Fermer

Mit Vollgas durch die Wüste

Mit Bildern von Heidrun Boddin

Thienemann

Danke an Jörg Schröder für die fachmännischen Tipps!

Fermer, David:
Mit Vollgas durch die Wüste
ISBN 978 3 522 18158 7

Reihengestaltung: init.büro für gestaltung, Bielefeld
Einband- und Innenillustrationen: Heidrun Boddin
Rätsel (Konzeption): Anja Lohr
Schrift: ITC Stone, Info Text, Kosmik
Satz: KCS GmbH, Buchholz/Hamburg
Reproduktion: Medienfabrik, Stuttgart
Druck und Bindung: Friedrich Pustet, Regensburg
© 2009 by Thienemann Verlag
(Thienemann Verlag GmbH), Stuttgart/Wien
Printed in Germany. Alle Rechte vorbehalten.
5 4 3 2 1°   09 10 11 12

www.thienemann.de

Inhaltsverzeichnis

Starthilfe	7
Im Einsatz	15
Endlich Afrika!	24
Ein Meer ohne Wasser	33
Auf der Flucht vor dem Sturm	42
Die Wüstenwanderer	50
Ausgekuppelt	58
Öl ins Feuer	67
Das Wasser bis zum Hals	76
Auf der Zielgeraden	85

Starthilfe

Es war ziemlich ungemütlich im Kofferraum. Eingeklemmt zwischen Werkzeugkisten und Reisetaschen konnte Marvin sich gut vorstellen, wie sich Sardinen in der Dose fühlen. Aber es musste so sein. Ohne ihn würde sein Vater das Autorennen nicht schaffen: die Rallye Dakar, neuntausend Kilometer von Europa nach Afrika. Vierzehn Tage durch die größte Wüste der Welt. Ein Traum!

Irgendwann hielt das Auto an und die Kofferraumtür ging knarrend auf. Marvin blinzelte. Die Sonne war ganz schön hell in Portugal. Zuerst konnte er nur die dunklen Umrisse eines Mannes ausmachen.

Dann hörte er seine Stimme: »Großer Gott, Marvin! Was machst du denn im Kofferraum?«

Marvins Vater schlug die Hände über dem Kopf zusammen. »Du kannst dich nicht einfach ins Rennen reinschmuggeln!«, schimpfte er.

Marvin sprang aus dem Kofferraum und klopfte sich den Staub von der Kleidung. »Opa meinte, du brauchst einen guten Mechaniker. Der bin ich!«

»Du bist zehn Jahre alt, Marvin! Du bist kein Automechaniker!«

»Noch nicht«, korrigierte Marvin seinen Vater.

Marvins Vater stapfte auf dem staubigen Boden hin und her. Er schnaufte und stöhnte und fragte sich, was er jetzt bloß machen sollte. Sie waren schon weit im Süden, ganz nah am Etappenziel des ersten Tages. Sie konnten nicht einfach umdrehen und zurückfahren.

Marvins Vater schaute sich um. Es gab kein einziges Haus in Sichtweite. Nicht mal eine richtige Straße. Nur lauter Hügel, so weit das Auge reichte. Der Feldweg schlängelte sich zwischen den Hügeln hindurch.

Schließlich seufzte Marvins Vater. »Ich kann dich nicht einfach hierlassen. Du fährst mit bis zur Küste. Aber dann heißt es Adios, Freundchen! Ab nach Hause. Nix mit Afrika. Das kannst du dir im Fernsehen angucken!«

Marvin grinste in sich hinein. Der erste Etappensieg gehörte ihm. Afrika war nur noch einen Katzensprung weit entfernt.

»Steig ein!«, befahl ihm sein Vater schroff. »Aber setz dich nicht gleich hinters Steuer!«

Marvin musste lächeln. Sein Vater auch. Schließlich war alles Opas Schuld. Wenn er nicht auf die Wette mit Herrn Grube eingegangen wäre, dann wären sie beide nicht hier. Marvins Vater hatte Opa Götz verboten, die Rallye selber zu fahren. Er war einfach zu alt dafür. Außerdem war Opas Herz ein bisschen schwach. Deshalb fuhr nun Marvins Vater.

Es ging um die Familienehre. Und den Familienbetrieb. Wenn Marvin und sein Vater es nicht rechtzeitig zur Ziellinie in Dakar schafften, dann würde Opa seine kleine Autowerkstatt an Herrn Grube überschreiben müssen!

Jetzt musste Marvin seinem Vater nur noch beweisen, dass er nicht auf ihn verzichten konnte. Er war wirklich ein guter Mechaniker. Der beste.

Marvins Vater wiederum hatte gar keine Ahnung von Autos. Musste er auch nicht. Er war Musiker.

Vater und Sohn rasten den portugiesischen Feldweg entlang und hinterließen eine dicke Staubwolke. Sie fuhren über Schlaglöcher und Steine, durch Täler und Weinberge, bis über die Grenze nach Spanien.

Marvin freute sich sehr. Es war der Anfang – und nicht das Ende – eines ganz großen Abenteuers.

INFO

Die Rallye Dakar ist das berühmteste Offroad-Motorsportrennen der Welt. »Offroad« ist englisch und heißt so viel wie »Abseits der Straße«. Die beteiligten Autos, Motorräder und Trucks fahren ausschließlich durch Gegenden, in denen es keine Straßen gibt. Insgesamt ist das Autorennen rund 10.000 Kilometer lang. Jeden Tag wird ein Etappenziel vorgegeben. Fahrer müssen dieses Tagesziel vor einer bestimmten Uhrzeit erreichen, zum Beispiel vor Mitternacht, sonst scheiden sie aus. Manchmal müssen die Fahrer bis zu 800 Kilometer an einem Tag fahren. Der Gewinner der Rallye ist der Fahrer, der insgesamt alle Etappen am schnellsten gefahren ist.

RÄTSEL?

So viele Fahrzeuge!

Wie viele Autos kannst du erkennen?

Im Einsatz

Marvin saß auf dem Beifahrersitz, sein Helm auf dem Schoß, und starrte durch die Windschutzscheibe. Im Hafen von Malaga herrschte Chaos: Es wurde gehupt und gebrüllt, gezogen und geschoben, gewunken und gebremst. Die Teilnehmer der Rallye Dakar fuhren ihre Fahrzeuge an Bord eines riesengroßen Schiffes.

Marvins Vater war nirgendwo zu sehen. Er suchte gerade einen ruhigen Ort, um Marvins Opa anzurufen. Opa war noch in Lissabon. An der Startlinie.

Dort, wo auch Marvin sein sollte. Aber Marvin machte sich keine Sorgen: Opa würde keinen Rückzieher machen. Marvin sollte mitfahren und dabei würde es bleiben!

    Plötzlich ertönte eine Stimme neben Marvin. »Der kleine Marvin Götz? Wer hätte das gedacht! Der jüngste Rennfahrer der Geschichte! Oder bist du etwa der Mechaniker?«

    Ein hässliches Gesicht drückte sich an die Fensterscheibe: Froschaugen, ein schmaler Schnurrbart auf der feuchten Oberlippe. Es war Herr Grube, Leiter des großen Autohauses »Grubes Pkw-Paradies« in Marvins Heimatstadt.

    Marvin versuchte zu nicken, aber sein Nacken war steif vor Angst. Grube hasste Marvin und alles, was mit Marvin zu tun hatte. Die Autowerkstatt von Marvins Opa war Herrn Grube ein Dorn im Auge. Marvins Opa konnte sehr gut Autos reparieren. Zu gut, fand Herr Grube. Immer weniger Leute kauften bei ihm neue Autos, weil die alten nie kaputtgingen. Dank Opa Götz. Mehrmals hatte Herr Grube versucht, die Autowerkstatt von Marvins Großvater auf-

zukaufen, aber Opa Götz war stur wie ein Esel.

»Hör mir gut zu, mein Junge«, knurrte Herr Grube. »Sag deinem Vater, er soll gefälligst jetzt aufgeben, bevor es ernst wird! Nur einer von uns wird ans Ziel kommen – und das bin ich!« Er grinste siegessicher und fügte hinzu: »Dann gehört die Werkstatt deines Opas mir!«

Plötzlich tauchte ein pausbäckiger Mann hinter ihm auf. Es war Herrn Grubes Assistent Hasan. »He, Chef, ich hab's bekommen«, sagte er und hielt eine Sprühdose hoch.

Herr Grube schnappte ihm die Dose aus der Hand und fauchte Hasan an: »Du Idiot! Komm! Wir fahren!«

Der Autohausbesitzer stapfte genervt davon und Hasan folgte ihm mit schweren Schritten.

Auf einmal ging die Fahrertür auf.

»Du und dein Opa! Ihr seid echt aus dem gleichen Holz geschnitzt!«, seufzte Marvins Vater, als er sich hinter das Lenkrad fallen ließ. »Er weigert sich, dich abzuholen! Einfach grandios, der Alte! Und was mache ich jetzt mit dir?«

Marvin zuckte unschuldig mit den Schultern. Marvins Vater startete den Motor und fuhr schnaufend in der Warteschlange weiter. Plötzlich hielt er inne.

Er runzelte die Stirn und horchte aufmerksam.

»Irgendetwas hört sich komisch an«, stellte er fest. Marvins Vater wusste nicht viel über Autos, aber er hatte ein erstaunlich gutes Gehör.

»Was ist, Papa?«

»Hörst du das nicht?«, antwortete Marvins Vater und kurbelte sein Fenster herunter. »Dieses dumpfe Ratatata! Ratatata!«

»Eine Reifenpanne!«, schlussfolgerte Marvin und sprang aus dem Auto.

Und er hatte recht. Der vordere Reifen war platt wie ein Pfannkuchen.

Marvins Vater schaute sich den Schaden an. »Weißt du was?«, sagte er kleinlaut. »Ich habe noch nie einen Reifen gewechselt. Das hat immer Opa für mich gemacht!«

Marvin öffnete den Kofferraum. »Es ist ganz einfach!«

Er hatte gerade den Wagenheber in der Hand, als plötzlich eine erschreckende Ansage über den Hafenlautsprecher kam.

»Schiffsabfahrt in drei Minuten!«,

brüllte der Kapitän. »Ich wiederhole: Abfahrt nach Marokko in drei Minuten!«

Marvin erstarrte. Ob das noch zu schaffen war?!

INFO

Einen Reifen zu wechseln ist ziemlich einfach. Man braucht einen Wagenheber, einen Schraubenschlüssel und einen Ersatzreifen. Man muss die Radkappe entfernen, die Schrauben ein bisschen lockern und das Auto mit dem Wagenheber aufbocken. Erst dann kann man die fünf Schrauben entfernen, das Rad abnehmen und den neuen Reifen befestigen. Bei Formel-1-Autos geht ein Reifenwechsel viel schneller, weil die Räder nur eine große Schraube haben. Boxenstopps (d. h. Reifenwechseln und Nachtanken) dauern in der Formel 1 durchschnittlich nur sieben Sekunden.

Was hat sich in den drei Minuten verändert?

Findest du die 6 Unterschiede?

RÄTSEL

Endlich Afrika!

»Das war fantastisch!«, gluckste Marvins Vater und dachte an den schnellen Reifenwechsel in Spanien.

Auf einmal fand er es gar nicht mehr so schlimm, dass sein Sohn mit dabei war!

»Mein Rekord mit Opa liegt bei vier Minuten«, grinste Marvin stolz. »Unter drei haben wir es noch nie geschafft.«

Von seinem Opa hatte Marvin eine Menge über Fahrzeuge gelernt. In der alten Werkstatt bauten sie alles auseinander, was sie auseinanderbauen konnten: Autos, Motorräder, Traktoren, Rasenmäher. Wichtig war nur, alles wieder so zusammenzubauen, dass es funktionierte. Das war der Kniff.

Das Schiff überquerte das Mittelmeer und legte in Marokko an. Als Marvin und sein Vater an Land fuhren, staunten sie über die neue Welt, die ihnen begegnete. Viele Leute waren auf der Straße zu sehen: Männer in langen Gewändern, Frauen mit Kopfbedeckung, Jugendliche auf Motorrädern, Geschäftsleute in Anzügen. Afrika war bunt wie ein Regenbogen.

Als Marvin und sein Vater durch die Straßen fuhren, bekamen sie immer mehr das Gefühl, dass etwas nicht stimmte.

Passanten blieben stehen und schauten ihrem Wagen kopfschüttelnd hinterher. Ein Obst- und Gemüseverkäufer bewarf sie mit faulen Tomaten. An einer Ampel beschimpfte eine Gruppe Jugendlicher Marvin und seinen Vater und kam drohend auf sie zu. Zum Glück wurde die Ampel grün, bevor es zu einer Konfrontation kam, und Marvin und sein Vater konnten fliehen. Nur wussten beide nicht, was sie falsch gemacht hatten.

Am Ortsrand hielten sie an einer Autowerkstatt an, um den kaputten Reifen zu ersetzen. Die kleine Autowerkstatt sah genauso aus wie Opas Werkstatt zu Hause. Auch der Chefmechaniker war in Opas Alter. Er trug die gleichen Klamotten, hatte den gleichen Schnauzer und lächelte genauso breit wie Opa Götz. Ob er sich auch auf gefährliche Kartenspiele mit dem geldgierigen Besitzer des örtlichen Autohauses einließ?

»Salam alaikum!«, grüßte der Chefmechaniker sie freundlich und blieb plötzlich stehen.

Er zeigte entsetzt auf die Motorhaube und murmelte etwas auf Arabisch.

Erst dann sah Marvin, was die Leute auf der Straße so verärgert hatte: Jemand hatte große, schwarze arabische Worte auf die Motorhaube gesprüht.

»Was steht da?«, fragte Marvins Vater auf Englisch.

Der Chefmechaniker bekam kaum die Antwort über die Lippen. »Eine große Beleidigung!«, stammelte er. »Es ist ein Wunder, dass ihr noch am Leben seid!«

Ein Sabotageakt! Dahinter konnte nur einer stecken!

»Aber das haben wir nicht geschrieben!«, rief Marvin empört und dachte an die Sprühdose in der Hand von Hasan. Die Mistkerle!

Der Automechaniker musterte Marvin und seinen Vater wütend. Hinter ihm ließen seine jungen Kollegen ihre Werkzeuge fallen. Sie kamen drohend auf sie zu.

»Warum sollten wir so etwas auf unser eigenes Auto schreiben?«, betonte Marvins Vater. »Das wäre ja verrückt!«

Alle Augen waren jetzt auf Marvin und seinen Vater gerichtet. In der Werkstatt herrschte Totenstille. Marvin und sein Vater warteten auf ihr Urteil.

Schließlich nickte der Chefmechaniker. »Ich glaube euch«, entschied er.

Marvin und sein Vater atmeten erleichtert aus.

Der Chefmechaniker drehte sich um und holte zwei Sprühdosen aus dem Regal. Er übersprühte die schwarzen Zeichen.

Dann nahm er die zweite Dose. »Jetzt schreibe ich etwas Gutes für euch.« Mit einer wirbelnden Handbewegung sprühte er einen neuen Spruch auf die Motorhaube.

»Nun werdet ihr keinen Ärger mehr bekommen«, sagte er mit einem freundlichen Lächeln. »Was kann ich sonst noch für euch tun ...?«

INFO
Was bringt ein Auto in Bewegung? Klar, der Motor! Aber wie? Durch eine Explosion! Natürlich nicht nur eine, sondern mehrere Tausend pro Minute. Sie finden in den Zylindern eines Motors statt. Die meisten Autos haben vier davon, während ein Formel-1-Wagen acht bis zwölf Zylinder hat! In diesen Zylindern wird eine Mischung aus Benzin und Luft angesaugt. Dann wird das Gemisch kräftig zusammengepresst und mithilfe eines elektrischen Funkens entzündet. Diese kleine Explosion bringt das Auto voll in Fahrt!

Schau dir die Autowerkstatt genau an. Welche 5 Gegenstände gehören nicht hierher?

RÄTSEL ?

Ein Meer ohne Wasser

»Ab hier wird's hart«, meinte Marvins Vater, als sie die Grenze nach Mauretanien überquerten.

»Warum?«, fragte Marvin.

»Jetzt geht es die ganze Zeit nur so …«, sagte Marvins Vater und machte eine Wellenbewegung mit seiner Hand. »Hoch und runter, hoch und runter. Die Dünen. Sie sind wie Wellen aus Sand.«

Marvin warf einen Blick auf die Sanddünen vor ihnen. Die Sahara. Die größte Wüste der Welt.

»Ein Meer ohne Wasser …«, murmelte er vor sich hin und staunte über die trockene Landschaft.

»Hup, hup!«, schallte es plötzlich in der Wüstenstille.

Ein Auto raste knapp an ihnen vorbei. Es war Herr Grube.

Marvins Vater gab Gas und nahm die Verfolgung auf. »Ich krieg ihn!«, rief er, als sie über die hügeligen Sanddünen sausten.

Bald hatten sie Herrn Grube eingeholt. Hasan saß am Steuer.

Herr Grube öffnete sein Fenster. »Gebt auf!«, schrie er durch den aufgewirbelten Sand. »Ihr werdet in dieser Wüste verrecken!«

»Niemals!«, brüllte Marvin zurück. »Wir werden Dakar erreichen! Und dann gehört Ihr Autohaus Opa!«

Als ob die Wüste Marvin widersprechen wollte, flogen Marvin und sein Vater plötzlich in einem großen Bogen über eine besonders steile Sanddüne. Als sie landeten, grub sich die vordere Stoßstange tief in den Sand und das Auto blieb stecken.

»Was ist passiert?!«, rief Marvin und musste zuschauen, wie Herr Grube und Hasan hinter der nächsten Sanddüne verschwanden.

Marvins Vater legte den Rückwärtsgang ein, aber die Hinterräder drehten sich nur in der Luft.

»Wir müssen die Vorderräder ausgraben«, sagte er.

Vater und Sohn stiegen aus dem Auto, zogen ihre Helme aus und holten die große Schaufel aus dem Kofferraum. Direkt neben ihnen lag ein Auto. Es war nur noch eine leere Hülle. Wie das Gespenst einer vergangenen Rallye ragte das Auto aus dem Sand heraus.

Während Marvin und sein Vater die Vorderräder ausbuddelten, schoss ein Fahrzeug nach dem nächsten an ihnen vorbei. Links, rechts, überall.

Ein Motorrad flog sogar über Marvins Kopf!

Marvin und sein Vater schaufelten so schnell wie möglich. Es dauerte eine

Ewigkeit, bis sie die Räder endlich freigeräumt hatten.

Schließlich stiegen sie wieder ins Auto und Marvins Vater startete den Motor. Aber das Auto bewegte sich keinen Millimeter. Die Räder wirbelten nur eine riesige Sandwolke auf.

»Wir müssen noch mehr ausgraben«, beschloss Marvins Vater. Er wollte gerade wieder aussteigen, aber Marvin hielt ihn zurück.

»Was ist das?!«, sagte er erschrocken und zeigte nach draußen.

Vor ihnen verdunkelte sich der ganze Himmel. Ein riesiger Sandsturm sauste bedrohlich auf sie zu.

»Das sieht nicht gut aus.« Marvins Vater schloss schnell die Autotür. »Wir bleiben hier, bis er vorbeigezogen ist.«

Der gewaltige Sandsturm kroch immer näher, als wollte er Marvin und seinen Vater schlucken. Das ganze Auto fing an zu wackeln. Die Fensterscheiben klapperten. Marvin konnte nicht mal mehr bis zum Ende der Motorhaube sehen.

»Mach dir keine Sorgen«, sagte Marvins Vater und klopfte auf das rote GPS-

Licht auf dem Armaturenbrett. »Damit wissen die Rennorganisatoren immer, wo wir sind. Wir können nicht verloren gehen ...«

Plötzlich fing das GPS-Licht an zu flackern. Marvin starrte den roten Punkt gebannt an. Das Gerät kämpfte um ein Signal.

Als eine große Windböe über das Auto heulte, ging das kleine GPS-Licht aus.

»Papa!«, sagte Marvin leise und merkte, dass seine Stimme zitterte. »Ich habe Angst!«

INFO

Bei der Rallye Dakar ist jedes Fahrzeug mit einem GPS-Empfänger ausgestattet, damit die Veranstalter die Teilnehmer rund um die Uhr orten können. Allerdings wird das System nicht als Navigationssystem benutzt, so wie es bei normalen Autos der Fall ist. Den Weg müssen die Fahrer alleine finden. GPS steht für den englischen Begriff »Global Positioning System« und wurde vom amerikanischen Verteidigungsministerium entwickelt. Fast 30 Satelliten kreisen um die Erde und senden Signale aus. Durch diese Signale kann man die genaue Position eines GPS-Empfängers feststellen.

Suche die Ausschnitte im Bild und schreibe die Buchstaben darunter.

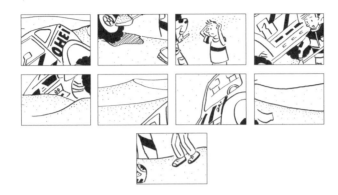

Was kannst du dann lesen?

Auf der Flucht vor dem Sturm

Draußen tobte der Sandsturm so heftig weiter, als ob er nie aufhören wollte.

»Wir schaffen es nicht bis Mitternacht zum Etappenziel«, stellte Marvin mit Erschrecken fest.

»Wir müssen den Rennorganisatoren Bescheid sagen«, beruhigte ihn sein Vater. »Sie berücksichtigen extreme Wetterbedingungen.« Er schaute auf sein Handy. »Gleich haben wir wieder Empfang.«

Marvins Handy hatte auch keinen Empfang. »Und wenn nicht?«

Er schluckte.

Wenn der Sandsturm nicht mehr aufhörte, dann könnten Herrn Grubes letzte Worte wahr werden: Sie würden tatsächlich hier in der Wüste verrecken …

Kaum hatte sich Marvin diese Vorstellung aus dem Kopf geschlagen, da klopfte es an sein Fenster. Marvin erschrak und schlug fast mit dem Schädel gegen die Decke. Ein Junge stand vor dem Auto. Sein Kopf war in eine Art Turban eingewickelt.

»Wer ist das?«, fragte Marvin.

»Keine Ahnung«, erwiderte sein Vater. »Aber lass ihn rein.«

Marvin streckte sich nach hinten und machte die Hintertür auf. Der fremde Junge stieg ins Auto. Der Wind war so stark, dass Marvin kaum die Tür wieder schließen konnte.

Der Wüstenjunge lehnte sich aufgeregt nach vorne. Er war völlig außer Atem. Er machte eine komische Handbewegung.

»Ich verstehe nicht«, sagte Marvins Vater. »Was will er?«

Marvin schaute den Jungen an. Er konnte nur seine Augen und Hände sehen. Der Rest war unter seinem blauen Gewand versteckt. Der Junge machte die Geste wieder, dazu ein Geräusch.

Endlich kapierte Marvin. »Du musst hupen!«, rief er.

»Hupen?«, fragte Marvins Vater verblüfft. »Wozu?«

»Keine Ahnung. Vielleicht ist da jemand, der uns helfen kann.«

Marvins Vater knallte seine Faust gegen das Lenkrad. Das Hupen schallte durch den Sandsturm. Der Wüstenjunge schaute erwartungsvoll durch die Windschutzscheibe. Aber draußen war nichts.

»Da ist niemand«, murmelte Marvin.

Plötzlich zeigte der Wüstenjunge nach vorne. Im Sandsturm tauchte eine dunkle Gestalt auf: ein Mann auf einem Kamel. Auch er war von Kopf bis Fuß in ein Gewand gehüllt. Ein zweiter Reiter folgte ihm. Und ein dritter. Innerhalb kürzester Zeit erschien eine ganze Truppe!

Der Wüstenjunge sprang auf dem Rücksitz auf und ab. Er lachte laut. Marvin war irritiert. Er lachte ganz anders als die Jungs zu Hause.

Der Wüstenjunge machte die Tür auf und sprang aus dem Auto. Der Wind knallte die Tür sofort wieder zu, aber der Junge war nicht aufzuhalten. Er lief auf den Kamelzug zu. Dabei folgte ihm ein langer blauer Streifen: Das Ende seines Turbans war in der Autotür eingeklemmt!

Schließlich fiel der Turban zu Boden und der Junge drehte sich überrascht um. Marvin staunte. Der Wüstenjunge war gar kein Junge, sondern ein Mädchen! Sie hatte langes schwarzes Haar, rosige Lippen und Ohren voller Ohrringe.

Das Mädchen versuchte, ihren Turban aus der Autotür zu befreien. Gleichzeitig sprang ein Mann vom Kamel und das Mädchen ließ den Turban wieder fallen. Sie lief ihm in die Arme und sie drückten sich fest. Es war ihr Vater.

INFO

Von allen Wüsten der Erde ist die Sahara in Nordafrika bei Weitem die größte. Sie ist fast so groß wie ganz Europa! Die Sahara erstreckt sich über elf nordafrikanische Länder, vom Roten Meer im Osten bis zum Atlantik im Westen. In dieser Region regnet es sehr selten. In der Zentralsahara gibt es Gebiete, in denen es 20 Jahre lang kein einziges Mal geregnet hat! Tagsüber heizt sich die Sahara auf bis zu 55 Grad auf. Das macht es schwirig für Menschen, dort zu leben.

Wie kommen die Reiter zum Auto?

Suche den richtigen Weg.

Die Wüstenwanderer

Mit Seilen und ihren Kamelen zogen die Wüstenmänner das Auto aus dem Sand. Kamelstärke statt Pferdestärke, dachte Marvin.

Dann versuchte Marvins Vater, sich zu verständigen. »Haben Sie vielleicht ein Telefon?«, rief er durch den Wind. »Wir müssen dringend jemanden anrufen! Sonst werden wir disqualifiziert!«

Schließlich verstanden die Männer. Sie setzten sich wieder auf ihre Kamele und winkten Marvin und seinem Vater zu.

Marvins Vater fuhr dem Kamelzug hinterher.

Nach einer Weile tauchten ein paar Zelte im Sandsturm auf. Die Männer stiegen von ihren Kamelen ab und luden Marvin und seinen Vater ins größte der Zelte ein.

Jede Menge Menschen waren dort versammelt, darunter auch viele Frauen und Kinder.

Alle scharten sich neugierig um Marvin und seinen Vater.

Das Wüstenmädchen trat aus der Runde hervor und stellte sich und ihren Vater vor. Sie hieß Sahali.

»Mein Name ist Marvin«, antwortete Marvin. »Und das ist mein Vater Thomas.«

Die Runde wiederholte beide Namen flüsternd. Sie waren gar nicht so leicht auszusprechen. Manche mussten dabei lachen.

Dann nahm Sahali Marvins Vater an der Hand und zog ihn durch das Zelt. Mitten im Raum stand ein Tisch mit einer alten Militärkiste drauf. Sahali machte die Kiste stolz auf.

Marvins Vater staunte nicht schlecht. »Ein Satellitentelefon!«

Sahali hob den schweren Hörer auf und drückte ihn Marvins Vater in die Hand.

Herr Götz zögerte nicht lange. Er holte einen Zettel aus der Hosentasche und rief die Rennorganisatoren an.

Marvin hörte zu, wie sein Vater ihre Situation erklärte.

Marvins Vater nickte und bejahte, bis er schließlich strahlend auflegte.

»Die Sache geht klar!«, informierte er Marvin. »Wir kriegen eine Verlängerung. Zwei Stunden. Laut Wetterbericht hört der Sandsturm gleich auf. Dann fahren wir weiter.«

Plötzlich schallte ein schriller Schrei durch das Zelt.

Alle drehten sich um. Eine Frau stolperte in den Raum. Ihr Gesicht war schmerzverzerrt. Sie hielt sich ihren runden Bauch und rief um Hilfe. Sie war hochschwanger.

Sahali lief zu der Frau hin – vermutlich ihre Mutter – und stützte sie besorgt. Alle versammelten sich um die beiden.

In der Runde brach eine fiebrige Diskussion aus. Sahalis Vater stritt mit den anderen Frauen. Sahali schaute Marvins Vater panisch an und sagte etwas in ihrer Sprache.

Marvins Vater schüttelte hilflos den Kopf.

»Ich verstehe sie nicht!«

Sahali streckte beide Arme aus und drehte die Hände.

Diesmal hatte Marvin verstanden. »Wir sollen sie zum Krankenhaus fahren!«

Marvins Vater nickte und half Sahalis Mutter vom Boden auf. Zusammen trugen sie die schwangere Frau zum Auto und legten sie auf den Rücksitz. Sahali und ihr Vater nahmen neben ihr Platz. Marvin und sein Vater stiegen vorne ein und fuhren los.

Draußen war der Sandsturm bereits vorbei. Und zum Glück leuchtete das GPS-Licht wieder.

INFO

Die Tuareg sind Nomaden, die seit Jahrhunderten in der Wüste Sahara leben. Nomaden sind Menschen, die keinen festen Wohnsitz haben. Ihr Zuhause ist eine Zeltplane: Sie haben keine Möbel, keine Zimmer, der Boden ist der Wüstensand, die Küche eine kleine Feuerstelle, eine Toilette gibt es nicht. Die meisten Tuareg sind Viehzüchter. Sie ziehen ständig umher auf der Suche nach frischem Weideland und Wasserstellen. Die Tuareg sind eines der größten nomadischen Völker, das heute noch existiert. Sie zählen etwa eine Million Menschen. Ihre Sprache heißt Tamascheq.

Schau dir den Tuareg genau an.

Welches Schattenbild passt dazu?

RÄTSEL ?

Ausgekuppelt

»Es war sehr gut, dass ihr Sahalis Mutter hierhergebracht habt«, meinte der Arzt auf Englisch. »Sonst wäre sie vielleicht gestorben.«

Marvin und sein Vater standen vor dem Krankenhaus und verabschiedeten sich. Das Rennen nach Dakar wartete nicht und sie mussten sich beeilen.

»Aber sie wird wieder gesund?«, fragte Marvin.

Doktor Amari nickte. »Ja. Sie ist in guten Händen«, beruhigte er Marvin und holte ein Handy hervor. »Wenn du willst, kann ich dir Bescheid sagen, sobald es ihr wieder besser geht.«

Marvin gab Doktor Amari seine Handynummer. Als er sich von Sahali verabschieden wollte, nahm sie ihren hellblauen Turban vom Kopf.

»Sie möchte dir etwas schenken«, erklärte Doktor Amari.

Sahali zeigte Marvin, wie er das lange Tuch um den Kopf wickeln musste. Danach sah Marvin wie ein Tuareg aus.

Marvin war traurig, Sahali und ihre Familie zu verlassen, aber die Zeit war knapp: Sie mussten das Etappenziel vor zwei Uhr nachts erreichen.

Marvins Vater gab Vollgas und sie rasten durch die Nacht.

Doch sosehr sie sich auch beeilten, sie kamen zwanzig Minuten zu spät am Camp an.

Marvins Vater hielt neben dem Hauptzelt und ein Mann vom Organisationsteam kam ihnen sofort entgegen. Er schaute auf seine Uhr.

»Es tut mir leid«, sagte er ernst. »Die Verlängerung galt nur bis zwei Uhr. Das Rennen endet für Sie hier.«

»Aber es ist nicht unsere Schuld!«, rief

Marvin. »Wir mussten jemanden ins Krankenhaus fahren. Es war ein Notfall. Nur deswegen sind wir zu spät ...«

»Seid ihr nicht direkt weitergefahren, als der Sandsturm vorbei war?«, fragte der Mann irritiert.

»Nein!«, erklärte Marvin aufgeregt. »Da war eine Frau bei den Nomaden. Sie

war schwanger. Der Arzt hat gesagt, sie wäre gestorben, wenn wir sie nicht ins Krankenhaus gebracht hätten!«

Der Mann schaute Marvin prüfend an. »Wenn ihr wirklich jemandem das Leben gerettet habt, dann ...«

Marvin fiel ein Stein vom Herzen.

Doch plötzlich trat Herr Grube aus dem Zelt. »Der Junge lügt!«, beschuldigte er Marvin. »Die beiden sind stundenlang im Sand stecken geblieben. Ich habe sie gesehen. Das mit der schwangeren Frau ist ein Märchen!«

»Das stimmt nicht!«, rief Marvin.

»Ach ja? Und wie willst du es beweisen?«, knurrte Herr Grube und kniff die Augen siegessicher zusammen.

Marvin überlegte fieberhaft, aber ihm fiel nichts ein. Sein Wort stand gegen Herrn Grubes.

Schließlich zuckte der Mann vom Organisationsteam mit den Schultern. »Zu spät ist zu spät«, sagte er mit Bedauern. »Morgen besprechen wir eure Rückreise nach Deutschland.« Er drehte sich um und lief davon.

Herr Grube grinste schief. »Schade! Bald wird die Autowerkstatt vom alten Götz schließen müssen!« Dann machte er auf dem Absatz kehrt und ging zu seinem Zelt zurück.

Marvin kochte vor Wut. Bevor er losschimpfen konnte, piepte sein Handy.

»Wer ist das?«, fragte Marvins Vater überrascht.

Marvin schaute auf sein Handy und staunte nicht schlecht. »Es ist Doktor

Amari!«, rief er verblüfft und machte die Nachricht auf.

Eine MMS. Ein Bild aus dem Krankenhaus: Sahali mit ihren Eltern. Zwischen ihnen das frisch geborene Baby! Darunter der Text: *Alles gut gegangen. Sie haben ihn Marvin genannt. Grüße von Sahali. Gute Reise! Dr. Amari.*

Marvins Vater schaute das Bild erfreut an. »Jetzt haben wir unseren Beweis!«, jubelte er und legte den Arm um Mar-

vins Schulter. »Komm! Wir müssen das unbedingt den Rennorganisatoren zeigen! Dann fahren wir auf jeden Fall weiter!«

Strahlend gingen Vater und Sohn ins Hauptzelt.

INFO

Am 15. Oktober 1997 durchbrach der ehemalige britische Kampfflieger Sir Andy Green in der Wüste von Nevada in seinem düsengetriebenen Auto erstmals die Schallmauer (etwa 1150 km/h). Das Auto trug den Namen Thrust SSC. Angetrieben wurde das 8 Tonnen schwere und 16,5 Meter lange Fahrzeug von zwei Rolls-Royce-Motoren aus dem Flugzeugbau. 100.000 PS katapultierten das Auto in nur 40 Sekunden auf Spitzengeschwindigkeit!

RÄTSEL

Um rechtzeitig im Camp zu sein, rasen Marvin und sein Vater durch die Sandwüste.

Welche Wörter kannst du mit SAND zusammensetzen?

Öl ins Feuer

Marvin und sein Vater durften weiterfahren, sehr zum Ärger von Herrn Grube. Die nächsten dreitausend Kilometer vergingen wie im Flug. Sie fuhren durch ganz Mauretanien, durchkreuzten den Süden Malis, überquerten den breiten Niger-Fluss und erreichten ein kleines Land namens Guinea.

Alles lief nach Plan. Bis Marvins Vater am zwölften Tag des Rennens etwas Ungewöhnliches auffiel: Etwas blinkte auf dem Armaturenbrett.

»Entweder hat das Auto für mich einen

Kaffee gekocht oder das Öl ist alle!«, stellte er fest und zeigte auf die flackernde Warnleuchte hinter dem Lenkrad.

»Das ist keine Kaffeekanne!« Marvin musste lachen. »Aber warum haben wir kein Motoröl mehr?«

Marvins Vater hielt an und Marvin kroch unter das Auto. Als ihm ein dicker Tropfen Öl ins Gesicht platschte, war ihm klar, was passiert war: Die Ölablassschraube unter der Ölwanne war locker. Es tropfte Öl aus dem Motor.

Marvin machte die Schraube wieder fest. »Wir müssen Öl nachgießen«, sagte er zu seinem Vater. »Wir sind ganz am Minimum.«

Aber Marvin und sein Vater mussten mit Erschrecken feststellen, dass sie kein Öl mehr hatten. Der Ersatzkanister war vollkommen leer.

»Ich hätte schwören können, dass er gestern Abend noch voll war«, meinte Marvins Vater nachdenklich.

Sie tauschten einen verärgerten Blick.

»Herr Grube!«, riefen sie gleichzeitig.

Aber auch wenn Herr Grube dahintersteckte, half es ihnen nichts. Zusammen holten sie die Landkarte und falteten sie auf der Motorhaube auseinander.

»Am besten wir fahren zum nächsten

Ort«, sagte Marvins Vater. »Ist zwar die falsche Richtung, aber wir haben keine andere Wahl.«

Sie fuhren wieder los. Kurz darauf kamen sie in der kleinen Siedlung an. Ein paar Hütten aus Lehm und Stroh waren in einem Halbkreis angeordnet. Draußen vor den Hüttentüren lagen Kochutensilien und Holzwerkzeuge. Wäsche hing auf der Leine. Aber im ganzen Dorf war kein einziger Mensch zu sehen.

»Wo sind die Leute?«, fragte Marvin.

»Keine Ahnung«, antwortete sein Vater. Es war wirklich unheimlich. »Wir sind

ziemlich nah an der Grenze. Im Nachbarland herrscht Krieg. Vielleicht wurde hier geplündert.«

Mitten im Dorf stand ein Jeep ohne Fahrer. Dort entdeckte Marvins Vater einen Kanister Motoröl auf dem Rücksitz.

»Schau mal!«, rief er begeistert. »Er ist sogar voll!«

»Wir brauchen nur die Hälfte«, meinte Marvin.

Er nahm den Kanister und goss das dickflüssige Motoröl in die Ölwanne.

Dann stellten sie den halbleeren Kanister wieder auf den Rücksitz und klemmten Geld hinter den Scheibenwischer.

»Mir gefällt es hier nicht«, sagte Marvin und sein Vater stimmte ihm zu.

Sie stiegen ins Auto und fuhren wieder los. Doch bevor sie das Dorf verlassen hatten, hörten sie plötzlich eine Stimme hinter sich.

Marvin schaute überrascht in den Seitenspiegel: Ein Mann in Militäruniform tauchte wie aus dem Nichts auf. Er trug ein Stirnband um den Kopf. Seine Uniform war zerrissen und schmutzig.

Er ging zum Jeep und hob den Ölkanister vom Rücksitz auf. »He!« Er fuchtelte wütend mit dem Kanister herum.

Erst dann sah Marvin, dass der Soldat ein Maschinengewehr in der anderen Hand hielt. Marvins Vater zögerte nicht.

Er legte den Gang ein und knallte seinen Fuß auf das Gaspedal. Das Auto schoss davon.

Marvin schaute über seine Schulter zurück. Der Soldat warf den Kanister weg und hob seine Waffe. Eine Maschinengewehrsalve krachte auf das Auto. Marvin duckte sich. Draußen knallten die Kugeln in den sandigen Boden hinein.

Plötzlich stieß Marvins Vater einen Schmerzensschrei aus. Etwas Rotes bespritzte die Windschutzscheibe. Das Auto scherte heftig aus. Marvin stockte der Atem, er war wie gelähmt vor Angst. Sein Vater packte das Lenkrad wieder und brachte das Auto unter Kontrolle. Dann hielt er seine linke Hand hoch und zuckte vor Schmerzen zusammen. Die Hand war voller Blut!

INFO

Wenn man ein Spiegelei in der Pfanne brät, braucht man dazu Speiseöl. Sonst klebt das Spiegelei in der Pfanne fest und verbrennt. Das Gleiche gilt auch für den Motor eines Autos. Ohne Motoröl bleiben zahlreiche Teile »kleben« und in kurzer Zeit gibt der Motor den Geist auf. Deswegen heißt Motoröl auch »Schmieröl«. Außerdem braucht ein Motor Luft, um zu laufen. Das versteht man, wenn man zum Beispiel ein Glas über ein Teelicht stellt: Nach kurzer Zeit geht die Flamme aus. Ohne Luft können die kleinen Explosionen im Motor, die das Auto zum Laufen bringen, auch nicht stattfinden.

Setze die Wörter zusammen.
Die durchgestrichenen Buchstaben
darfst du nicht verwenden.

IZE   RXG   ÉS   EEN

Welches Wort erhältst du?

RÄTSEL

Das Wasser bis zum Hals

So große Angst hatte Marvin noch nie in seinem Leben gehabt. Aber dafür war jetzt keine Zeit. Sein Vater brauchte Hilfe.

»Gib mir deine Hand!«, sagte Marvin.

Wie in Trance holte Marvin den Verbandskasten aus dem Handschuhfach. Während Marvins Vater weiterfuhr, verband Marvin sorgfältig seine linke Hand. Die Kugel hatte ihn zwischen Daumen und Zeigefinger erwischt, aber es war nur eine Fleischwunde.

»Tut es sehr weh?«, fragte Marvin.

»Ich werde nicht daran sterben!«

Marvins Vater deutete mit dem Kopf nach hinten. »Wie sieht's aus?«

Marvin schaute durch die Heckscheibe. »Er folgt uns nicht.«

Marvins Vater war erleichtert. »Dann fahren wir erst mal weiter. Aber gleich musst du das Steuer übernehmen.«

»Ich?!«, sagte Marvin überrascht.

»Ja.« Sein Vater nickte. »Sag bloß, du kannst nicht Auto fahren!«

»Ähm …« Marvin wusste natürlich ganz genau, wie man Auto fährt, aber sogar sein Opa hatte ihn nie selbst fahren lassen. »Ich hab's noch nie gemacht.«

»Es gibt für alles ein erstes Mal.«

Als sie endlich in Sicherheit waren, hielt Marvins Vater an.

»Am besten setzt du dich auf meinen Schoß«, sagte er erschöpft. »Du lenkst

und schaltest. Ich übernehme die Pedale. Geht das?«

Marvin nickte, kletterte über den Schalthebel und machte es sich auf dem Schoß seines Vaters bequem.

»Bist du bereit?«, fragte Marvins Vater.

Marvin nahm das Lenkrad in die Hände. »Ja!«, sagte er.

Sein Herz raste wie ein Turbomotor.

Marvins Vater trat auf das Kupplungspedal. »Okay. Und los geht's! Erster Gang!«

Marvin drückte den Schalthebel nach vorne links. »Hab ich!«

Sein Vater nahm langsam seinen Fuß vom Kupplungspedal und trat gleichzeitig auf das Gaspedal. »Gas kommt!«

Der Wechsel war sanft wie ein Windhauch. Sie fuhren los.

Nach ein paar Sekunden rief Marvins Vater: »Zweiter Gang!«

Marvin ließ seine rechte Hand vom Lenkrad fallen, tastete nach dem Schalthebel, fand ihn schnell und führte ihn vom ersten in den zweiten Gang.

Marvin und sein Vater waren ein fantastisches Team. Marvin steuerte konzentriert, während sein Vater ihm über die Schulter schaute. Zusammen hielten sie Ausschau nach Schlaglöchern, großen Steinen oder anderen Hindernissen. Der Boden war sehr uneben und Marvin musste ständig zwischen den Gängen hin und her schalten. Nur selten fuhr er schneller als 50 Kilometer pro Stunde. Aber für Marvin fühlte es sich an, als ob er die Schallmauer durchbrach!

»Das macht Spaß!«, sagte Marvin und wich einem Busch aus.

Wenn sein Opa ihn jetzt sehen könnte! Er wäre so stolz auf ihn. Er fuhr wie ein echter Autofahrer!

Nach zwei Stunden konnten sie plötzlich nicht mehr weiterfahren. Ein Fluss lag quer vor ihnen. Ein Fluss ohne Brücke. Er war tief und die Strömung war stark.

Auf der anderen Seite des Flusses lag Senegal. Dort war ihr Endziel: die Hauptstadt Dakar.

Marvins Vater schüttelte verzweifelt den Kopf. »Ich werde deinen Opa nie wieder Karten spielen lassen«, murmelte

er und betrachtete das schlammige Gewässer. »Was meinst du? Schaffen wir es rüber?«

»Wir können den Auspuff aufs Dach verlegen«, schlug Marvin vor. »Opa hat einen Schlauch in den Kofferraum gelegt. Dann müssen wir noch die Türen und die Motorhaube mit Kerzenwachs versiegeln, damit kein Wasser reinkommt. Opa hat für uns ganz viele Kerzen eingepackt.«

Marvins Vater nickte. »Hoffentlich ist der Fluss nicht zu tief. Sonst trägt uns die Strömung weg.«

»Wir müssen die niedrigste Stelle finden«, meinte Marvin.

Sein Vater runzelte die Stirn. »Wie soll das gehen?« Er schaute ratlos in das trübe Wasser. »Ich kann nicht mal das Flussbett sehen!«

Marvin grinste und wickelte Sahalis Turban von seinem Kopf. »Keine Sorge. Ich habe eine gute Idee!«

INFO

Jedes Auto hat eine Gangschaltung, so wie viele Fahrräder auch. Was ein Fahrradfahrer mit den Pedalen seines Fahrrads macht, macht der Motor für das Auto. Und so wie ein Fahrradfahrer seine Gänge wechselt, braucht auch der Motor fünf bis sechs Gänge, um effektiv zu arbeiten. So kommt es, dass man in einem kleinen Gang einen Berg hochfährt und in einem größeren bergab fährt. Versuch mal, auf einem Fahrrad im höchsten Gang loszuradeln. Das ist schwer! Genauso wenig kann man ein Auto im fünften Gang in Fahrt bringen.

Schau dir die vergrößerten
Bildausschnitte genau an.

Findest du sie im Bild wieder?

RÄTSEL

Auf der Zielgeraden

Ohne Sahalis Turban wäre es nicht gegangen. Er war fast so lang, wie der Fluss breit war. Marvin band ihn um seinen Bauch und ging mutig ins Wasser. Schritt für Schritt suchte er nach den niedrigsten Stellen des Flusses. Sein Vater hielt das andere Ende des Turbans mit seiner gesunden Hand fest. Nur einmal rutschte Marvin aus und fiel ins Wasser, aber sein Vater hatte ihn fest im Griff.

Bald hatte Marvin den besten Weg durch den Fluss gefunden und sie konnten mit der Überquerung beginnen. Zu-

erst kroch das Wasser nur bis zu den Türen hoch, aber als sie die Mitte des Flusses erreichten, stieg es sogar über die Motorhaube. Doch das Kerzenwachs hielt alles dicht.

Marvin und sein Vater waren erleichtert, als sie das andere Ufer erreichten. Doch dann stotterte der Motor.

»Da ist vielleicht doch ein bisschen

Wasser reingekommen«, meinte Marvin. »Ich schau mal nach.«

Tatsächlich war es so. Marvin musste eine kleine Reparatur durchführen: Er wechselte schnell die Zündkerzen aus und trocknete den Luftfilter. Dann konnten sie weiterfahren.

»Was soll uns jetzt noch aufhalten?!« Marvins Vater grinste, als sie wieder losfuhren. »Wir sind so gut wie am Ziel!«

Kleine Schilder an der Straßenseite zählten die letzten hundert Kilometer bis Dakar.

Am Stadtrand entdeckte Marvin Herrn Grube. Er stand mit Hasan neben seinem Auto. Marvin und sein Vater sahen sich überrascht an. Dann hielten sie neben Herrn Grube an.

»Hallo!«, rief Marvins Vater freundlich aus dem Fenster. »Alles in Ordnung?«

Herr Grube zog eine Grimasse. »Die Benzinanzeige ist kaputt. Wir haben keinen Sprit mehr!«

Marvin und sein Vater tauschten einen vielsagenden Blick. Beide wussten, dass sie noch einen Kanister Benzin im Kofferraum hatten.

»Heute ist Ihr Glückstag!«, sagte Marvins Vater zu Herrn Grube. »Wir haben Sprit für Sie.«

Herrn Grubes Gesicht erhellte sich. »Wirklich?«

»Ja. Wirklich. Sehen Sie die Moschee

da vorne?«, meinte Marvins Vater und zeigte aus der Windschutzscheibe. Am Horizont waren die turmartigen Minarette einer Moschee zu sehen.

Herr Grube schaute Marvins Vater unsicher an. »Ja. Warum?«

»Wir lassen einen Kanister Benzin für Sie da«, erwiderte er. »Sie können ihn dort abholen.«

Herr Grube schaute die lange Straße bis zur Moschee entsetzt an.

Marvins Vater jagte den Motor hoch. »Wir sehen Sie an der Ziellinie. Nach uns!«

Marvins Vater fuhr wieder los. Im Seitenspiegel sah Marvin, wie Herr Grube auf den Boden stampfte. Dann brüllte er Hasan wütend an und schickte seinen Assistenten los, um den kostbaren Sprit zu holen.

Kurz darauf fuhren Marvin und sein Vater über die Ziellinie in Dakar. Beide jubelten vor Freude. Es war ein tolles Gefühl.

Sie hatten es geschafft! Sie umarmten sich und drückten sich fest. Bis Marvin plötzlich Opa Götz sah.

»Opa!!«, rief er überrascht und lief auf seinen Großvater zu. »Was machst du denn hier?«

»Ich bin vielleicht zu alt, um die Rallye Dakar zu fahren, aber nicht zu alt, um ins Flugzeug zu steigen«, grinste sein Opa. Dann trat er zur Seite und zeigte ins Publikum. »Außerdem habe ich jemanden mitgebracht.«

Marvin folgte der ausgestreckten Hand seines Opas und sah, wie jemand aus der Menschenmenge hervortrat. Ein Mädchen mit einem bunten Turban. Zuerst sah Marvin nur ihre Augen. Dann machte sie ihr Gesicht frei. Es war Sahali!

»Ohne sie wärt ihr nicht hier«, grinste Opa zufrieden.

»Wie hast du sie gefunden?«, staunte Marvin, als Sahali fröhlich lachend auf sie zukam.

»Das erzähle ich dir nachher«, meinte Opa Götz geheimnisvoll.

Marvins Vater zwinkerte seinem Sohn zu. »Und ohne dich wäre ich auch nicht hier«, fügte er hinzu und streichelte

Marvin durch die Haare. »Opa hat recht: Du bist wirklich der beste Automechaniker der Welt.«

INFO

Die Rallye Dakar findet jedes Jahr seit 1978 statt. Die Idee dazu hatte ein Franzose namens Thierry Sabine, der sich mit seinem Auto mehrere Tage in der Wüste Sahara verirrte. Die ersten Rallyes fanden zwischen Paris und Dakar statt. Die Route ändert sich jedes Jahr ein bisschen, aber das Endziel ist fast immer Dakar im westafrikanischen Land Senegal. Die Rallye Dakar hat auch mal in Südamerika stattgefunden, weil die Strecke durch Afrika zu gefährlich war! Die bekannteste deutsche Teilnehmerin der Rallye heißt Jutta Kleinschmidt. Sie ist die erste und bisher einzige Frau, die die Rallye Dakar in der Gesamtwertung gewonnen hat.

Auflösungen:

S. 14: Es sind 18 Autos zu sehen.

S. 23:

S. 32: Schwimmreifen, Ball, Luftballon, Teddybär, Pfanne.
S. 41: Lösungswort: Sandsturm.
S. 48: Weg 3 ist der richtige.
S. 57: Schattenbild 1 passt.
S. 66: Lösungswörter: Sandbank, Sandkorn, Sandsturm, Sandkasten, Sandstrand, Sandburg, Sanduhr.
Falsche Wörter: Gabel, Tisch.
S. 75: Lösungswort: Kanister.
S. 84: Vogel = 2, Maus = 4, Fisch = 7
S. 94: Es steht 11-mal auf dem Turban.